AF261825

LE GLAS

DE LA FRANCE

Et le raisonnement en bannit la raison.

1873

PARIS

CHEZ TOUS LES LIBRAIRES

—

1873

INTRODUCTION

—

Nous venons de recevoir d'un correspondant le compte-rendu, garanti exact, d'une conversation qui aurait eu lieu à l'étranger et dont notre politique intérieure a fait tous les frais. Si pénible qu'il ait pu être de reproduire des appréciations où percent tant de haine et tant de dédain, nous avons pensé qu'il pouvait y avoir à cela quelque utilité. Le titre que nous y avons mis semblera étrange; nous avons cru devoir l'adopter pour répondre à l'esprit général de cette conversation.

—

LE GLAS DE LA FRANCE

Et le raisonnement en bannit la raison.

M. X... Ainsi vous dites, monsieur le comte, que nous devons éviter avec grand soin tout ce qui pourrait hâter une reprise des hostilités : il m'est permis de croire que vous voulez faire allusion à cette terrible revanche dont on nous menace.

M. Z... Peut-être.

M. X... Eh bien, je vous le demande, dites-moi franchement, et toute précaution diplomatique mise à part, y croyez-vous?

M. Z... Oui, j'y crois ; car je ne puis me persuader qu'une nation qui compte dans son passé plus d'une page glorieuse, consente à rester longtemps sous le coup de revers aussi complets.

M. X... Et moi, je vous le déclare avec la même franchise, je n'y crois pas le moins du monde.

M. Z... Vous ne remarquez donc pas l'ardeur

que la France met à reconstituer ses forces, le langage de la presse unanime sur ce seul point, la nécessité d'une réparation, enfin tant de témoignages d'une rancune sourde et mal contenue.

M. X... Oh! je n'ignore pas que leur armée commence à prendre un aspect redoutable ; même il m'est revenu qu'un ministre belliqueux a eu l'heureuse idée d'en préparer le recrutement sérieux, d'en augmenter, en quelque sorte, l'effectif en faisant manœuvrer sur les places la jeunesse de ses colléges ; je sais que l'armement se perfectionne, que de vastes systèmes de fortifications sont à l'étude : mais, quand tout cela sera terminé, en admettant qu'on puisse le mener à bonne fin...

M. Z... Auriez-vous l'intention d'y apporter des entraves?

M. X... Nullement ; soyez-en certain : mais il ne serait pas impossible que les obstacles vinssent des Français eux-mêmes, et qu'ils fussent, par leurs divisions, nos meilleurs auxiliaires. Quoi qu'il en soit, supposons tout cela terminé, leurs chefs devront alors s'apercevoir, sous peine d'imprudence grave, qu'ils n'auront encore rien fait et qu'il leur manquera le plus essentiel.

M. Z... Que voulez-vous dire?

M. X... Qu'il leur manquera ce qui fait de

toutes les forces d'une nation un faisceau redoutable.

M. Z... Vous voulez parler de la discipline.

M. X... La discipline n'en est que le signe ex-
térieur ; il leur manquera le feu sacré, l'étincelle ;
l'enthousiasme pour une grande idée, ou la confiance aveugle en un homme divinisé par l'admiration populaire ; ou bien, à défaut de cela, quelque grande attraction pareille à celle qui attire
les peuples du Nord vers les climats plus fa-
vorisés.

M. Z... Le patriotisme leur en tiendra lieu :
n'est-ce pas, à votre avis, une assez grande idée?

M. X... Le patriotisme français ! Encore une
illusion, mon cher comte.

M. Z... Il me semble pourtant, sans parler
d'autre chose, que le merveilleux succès de leur
emprunt colossal, couvert et au delà par la France
seule...

M. X... Prouve peut-être tout le contraire.
L'idée d'une souscription nationale avait été mise
en avant par de nobles femmes (ah ! les femmes
de France, je les révère !); qu'en est-il advenu?
N'était-ce pas un devoir pour tous et surtout pour
les habitants des contrées qui n'avaient pas souffert directement de l'invasion, de se porter avec
ardeur vers cette souscription? Quelques hommes
généreux avaient donné un bel exemple en offrant

d'y verser une partie de leur fortune ; tout a été inutile ; fiasco complet. Il a fallu, pour réussir, que cette souscription s'offrît avec l'appât d'un placement avantageux. C'est que dans ce pays tout s'escompte, même le patriotisme. Ce mot peut bien être un texte commode à des déclamations ronflantes ; il peut être répété jusqu'à l'écœurement par les hommes politiques, les journalistes, les artistes des théâtres et des guinguettes ; il a pu même servir de prétexte et de passeport à de mesquines spéculations commerciales ; il n'est pas gravé dans les cœurs. Je vais plus loin, et j'affirme que, dans cette nation abâtardie, on en a perdu la notion exacte. Aimer d'un amour vrai, d'un amour désintéressé, le pays qui re- couvre les cendres de nos pères, le pays pour lequel ils ont vécu, souffert, donné leur vie ; l'aimer, si modeste que soit la position qu'on y occupe ; l'aimer dans ses revers comme dans ses prospérités, avouez, M. le comte, vous qui connaissez la France aussi bien que moi, que ce sentiment ne s'y trouve plus qu'à l'état d'excep- tion.

M. Z... Il est vrai que les preuves qu'ils ont essayé d'en donner dans la dernière guerre ont été plus factices que réelles ; ils n'ont pas été à la hauteur de ce que l'on attendait d'eux.

M. X... Pour l'habitant des campagnes, resté

fort ignorant, patriotisme est une idée abstraite au-dessus de sa portée ; il ne le comprend qu'à la condition de l'incarner dans une individualité ; l'individualité disparue, vous n'avez plus qu'un troupeau. La classe ouvrière des villes a mis depuis longtemps au-dessus du patriotisme un mot élastique, mal défini, le mot République, texte de rêveries, d'utopies absurdes, prétexte des attentats. Quant à la classe aisée, trop déshabituée des vertus austères du foyer, elle s'est fait une existence où le luxe relatif, les jouissances des arts, de l'élégance, le bien-être sous toutes ses formes occupent tant de place qu'ils ne comprennent guère la Patrie qu'à cette condition : est-elle heureuse, ces gens-là chantent ses gloires avec un lyrisme étourdissant ; viennent des revers, ils se retrancheront dans la nécessité de la prudence, ils feront appel aux doctrines humanitaires et cosmopolites, ils railleront agréablement le chauvinisme ; en un mot, réputation surfaite, outre gonflée de vent, nation finie.

M. Z... Vous allez trop loin : l'activité qu'elle déploie en ce moment même est une protestation contre votre arrêt.

M. X... L'activité commerciale, je le reconnais bien volontiers, a repris un nouvel essor ; on a ravivé toutes les sources du bien-être ; jamais les hommes n'ont été plus coquets ; jamais la toilette des femmes n'a offert plus de luxe et d'excentricité ; depuis longtemps les bals se sont rouverts ; les théâtres regorgent : certes, je n'y trouve rien à redire ; mais vous me permettrez bien de croire que cette espèce d'activité peut très-bien coïncider avec la décadence d'un État, et que, pour ce qui nous regarde, elle ne ressemble guère au prologue d'un sombre drame. Ajoutons cependant, pour être sincère, que la presse n'oublie pas de s'apitoyer sur les malheurs du temps ; c'est bien reçu, c'est bien porté : ajoutons encore qu'elle proclame assez souvent la nécessité d'une régénération... à quelques lignes d'un calembour ridicule ou d'une anecdote grivoise.

Les malheurs du temps ! s'ils y étaient bien réellement sensibles, s'ils en portaient le deuil dans le cœur, ils n'y chercheraient pas un texte à des déclamations sentimentales : au lieu de broder, chaque jour, de nouvelles variantes sur l'occupation étrangère, au lieu de faire des feux de joie à l'annonce de sa cessation prochaine, ils eussent évité, le plus possible, de prononcer un mot qui doit être si cruel à leur amour-propre, et, concentrant leur énergie, ils se seraient unis depuis longtemps dans un silencieux et gigantesque effort pour la faire cesser au plus vite.

Voilà ce qui nous eût impressionnés beaucoup plus que leur affectation à parler de revanche, maladroite suggestion d'une vanité blessée qui cherche à se dédommager d'échecs très-réels par la forfanterie anticipée d'une menace à longue échéance.

Une régénération ! Oui, certes elle est nécessaire ; mais du mot à la chose il y a bien loin. D'abord, il faudrait que tous sans exception fussent réellement et profondément convaincus de sa nécessité ; il faudrait bien établir aux yeux de tous dans quel sens et vers quel but elle doit être dirigée ; puis, et surtout, il faudrait trouver quelque part l'autorité incontestée qui doit imposer à tous l'énergie nécessaire pour la subir.

Une régénération ! mais elle est tout simplement impossible. Les mœurs, les institutions, les croyances, tout en France porte l'empreinte de ce caractère léger qui ne veut rien approfondir, qui ne sait jamais voir les choses qu'à travers le prisme de l'imagination, qui pose étourdiment les prémisses sans en prévoir, ni en vouloir accepter les conséquences. Or, de deux choses l'une : ou l'on essaiera de faire dépendre la réforme du caractère d'une réforme préalable des institutions, et, dans ce cas, on bâtira sur le sable : plusieurs tentatives avortées ont prouvé surabondamment que les institutions ne seront pas longtemps respectées, pour peu qu'elles heurtent ce caractère. Ou bien on essaiera d'agir avant tout sur le caractère : mais où donc trouvera-t-on un point d'appui, des moyens d'action pour accomplir une aussi lourde tâche ? Si je ne me trompe, on tourne dans un cercle vicieux ; on s'agite dans un labyrinthe sans issue.

Une régénération ! Sur ce sujet intéressant, que de bonnes, que d'excellentes choses on a déjà dites dont il ne restera pas même le souvenir !

M. Z... Je ne contesterai pas la valeur de vos critiques, seulement je vous rappellerai que la France est une nation étrange dont les réveils soudains et terribles déconcertent souvent tous les calculs des politiques.

M. X... Les réveils de ce genre sont les explosions de quelque croyance profonde et se produisent sous la menace de quelque grand danger ou sous le coup de quelque grande infortune ; ils sont rares ; et, d'après tout ce qui vient de se passer, n'est-il pas permis d'affirmer que depuis longtemps ils ne sont plus à craindre ?

M. Z... Et qui donc vous garantit qu'on ne saura pas profiter de la leçon? Vous le voyez, après d'aussi terribles revers un ordre parfait règne.

M. X... Heuh! grâce peut-être à l'état de siége.

M. Z... On travaille avec ardeur à cicatriser les blessures ; l'autorité est partout respectée.

M. X... Comme un interrègne, une espèce de compromis, en attendant que les partis aient repris des forces pour de nouvelles luttes.

M. Z... Non ; mais comme une halte nécessaire en attendant que l'on ait pu peser les motifs d'une détermination pour marcher ensuite avec fermeté dans la voie qu'on aura choisie.

M. X... Vous plaidez les circonstances atténuantes avec beaucoup de complaisance.

M. Z... Il faut savoir faire la part de l'éloge comme celle de la critique : mais vous-même, ne vous laisseriez-vous pas gagner un peu trop par l'entraînement de la passion ?

M. X... Non, je puis l'affirmer, je n'éprouve aucune haine ; seulement, je n'ai jamais bien compris ce qui a pu valoir à cette nation la bienveillance qu'on est généralement heureux de lui témoigner. Dans la grande famille européenne elle est l'enfant gâté, l'enfant terrible, et, quelque graves que soient ses fautes, on n'attend pas toujours qu'elle les ait reconnues pour les lui pardonner. Ses écrivains, ses poètes, ses orateurs, ses hommes politiques ont proclamé avec tant d'assurance que le Français est aimable et spirituel, que la France marche à la tête de la civilisation, qu'elle est la grande initiatrice du progrès, que sa puissance est nécessaire à l'équilibre européen ; ils l'ont répété si souvent et avec tant de persistance, que, ma foi ! on avait fini par les en croire sur parole ; et, dans ce moment même, je n'oserais affirmer que tous les yeux sont dessillés. Et pourtant, si l'on en avait le loisir, il ne serait peut-être pas difficile de prouver que leur amabilité si vantée n'est guère autre chose que grande facilité de mœurs et promptitude de liaisons sans lendemain (Etat et particulier) ; que leur réputation d'esprit a pu être méritée à certaines époques, mais depuis qu'ils en ont le bénéfice, ils font, pour la justifier, tant d'efforts grimaçants qu'ils courent grand risque de la compromettre.

Que, bien loin de marcher à la tête de la civilisation, ils ne comprennent même pas le sens de ce mot si complexe ; qu'ils ne l'interprètent et ne l'appliquent que sous un de ses aspects, encore l'ont-ils singulièrement amoindri ; que, sous le rapport moral, le sentiment du devoir perd chaque jour de sa puissance, et que les sanglants excès dont se sont souillés tous les partis autorisent à dire que cette nation porte au front le stigmate des races irrémédiablement dégradées, le hideux mépris des existences humaines ; que, sous le rapport intellectuel, si la France brille entre toutes les nations par la perfection de son goût et sa faculté créatrice dans tout ce qui a rapport aux recherches du luxe et aux accessoires de la vie, si elle expédie dans toutes les parties du monde ses modistes, ses cuisiniers, ses actrices et ses courtisanes, l'art pur a cessé d'être son domaine ; depuis longtemps, la muse française a les pieds dans la fange.

Que, s'ils se complaisent à poser devant l'Europe et devant le monde entier, s'ils sont parvenus à fixer l'attention générale par les spectacles si divers et parfois si étranges qu'ils ont offerts depuis quatre-vingts ans, ils seraient mal fondés à conclure de la curiosité à l'admiration ; que, si de tous les coins de la terre les opulents désœuvrés viennent demander à Paris ses joies énervantes et y gaspiller leur or, il n'en résulte nullement que Paris soit le phare du monde, que la France marche à la tête de la civilisation ; l'on y trouve, il est vrai, des hommes éminents dans presque tous les genres, et cela suffit à la vanité de ce peuple, qui n'a pas compris que ce ne sont pas les exceptions brillantes, mais le niveau général des lumières qui caractérisent le degré de civilisation.

Que même, à l'encontre de l'ancienne réputation, la notion du vrai courage s'y est presque complétement perdue ; que l'on y peut trouver des duellistes en grand nombre, des hommes qui risqueront leur vie dans des conspirations, dans de folles tentatives, pour arriver à jouer un rôle politique, et qui croiront acheter, en la risquant, le droit d'attenter à la vie, à la tranquillité de leurs concitoyens ; mais des hommes qui sachent s'exposer silencieusement, sans aucune vue d'intérêt ou de vanité, pour servir le pays et obéir aux lois austères du devoir, ceux-là se comptent. Quant au courage civil, il y est à peu près inconnu : savoir sacrifier ses préférences pour se rallier franchement, dans l'intérêt général, à l'opinion du plus grand nombre ; savoir dire la vérité sans forfanterie au peuple et aux puissances ; savoir exercer, au profit de la vérité, un obscur apostolat dans la sphère où le sort vous a placé ; ne rechercher les fonctions publiques que quand on a la conviction d'y pouvoir être utile, et les exercer en dehors de toutes vues personnelles, sont choses qui n'y provoqueraient que le sourire du dédain et cette espèce de pitié qui s'attache au rôle de dupe, volontairement subi.

Que, bien loin d'être l'initiatrice du progrès, la France semble n'exister que pour démontrer, par un exemple frappant, comment on peut abuser des meilleures choses : en possession d'un sol et d'une situation admirables, depuis que, pour la première fois, elle s'est arrachée violemment à la tutelle de la monarchie, elle n'a utilisé ses précieux avantages que pour développer cette espèce de prospérité qui se traduit par le luxe, ses servitudes et ses funestes conséquences, et pour pratiquer, chaque fois qu'elle a eu la force, les annexions violentes sur la plus grande échelle, au lieu de se borner aux annexions désirables et de les préparer de longue main en en inspirant le désir par l'ordre intérieur, l'économie et l'allégement des charges; elle en annonçait avec forfanterie la veille même de ses revers, et, en définitive, malgré ses inépuisables richesses et sa population nombreuse, après avoir provoqué l'étranger, elle n'a pas su trouver l'énergie nécessaire pour défendre contre lui le sol sacré. En possession d'une conquête léguée par la monarchie, et qui, en d'autres mains, fût devenue un florissant empire, elle n'en a su faire qu'une colonie encore contestée, encore à charge à la métropole. En moins d'un demi-siècle, elle a épuisé toutes les formes de gouvernement, sans avoir trouvé autre chose dans aucune qu'un prétexte à des agitations sanglantes. Enfin, pratiquée par elle, la liberté sous toutes ses formes et dans toutes ses manifestations, a constamment dégénéré en une licence effrénée.

Que la nécessité de sa puissance pour le maintien de l'équilibre européen serait peut-être une réalité, si l'on pouvait jamais compter sur sa modération dans la prospérité, sur sa constance dans les revers et sur la stabilité de ses alliances.

Mais, laissons cela et revenons à notre sujet.

M. Z... Oui ; puisque aussi bien ces appréciations ne sont peut-être pas de nature à prouver que vous êtes sans passion ; toutefois, parmi les nombreux défauts que vous venez d'énumérer, il en est un qui doit vous aider à comprendre les sympathies qui vous étonnent : La France, dites-vous, est toujours prête à sacrifier au désir de conquérir des applaudissements ; eh bien, n'oubliez pas que l'opinion publique sera toujours avec ceux qui ambitionnent ses faveurs plutôt qu'avec ceux qui affectent de la braver.

M. X... Soit, je ne m'arrêterai pas à remarquer qu'il y a de l'amertûme dans vos paroles, et je continue : Vous vous appuyez sur ce qui se passe actuellement en France pour affirmer que ce pays s'achemine, marche à grands pas vers sa résurrection. Notre entretien est tout confidentiel, et nous nous sommes promis mutuellement de mettre de côté toutes les précautions diplomatiques ; eh bien, comte, laissez-moi vous dire bien bas, vous dire à l'oreille que l'on croit fort aisément *ce que l'on désire*. Notre puissance commence à porter ombrage ; nous avons des ennemis, et je sais qu'il en est plus d'un qui comptent sur l'explosion présumée de la vengeance française pour en faire le point d'appui de leurs rancunes; je vous honore trop pour ne pas vous dire avec franchise que je vous crois de ce nombre. Du reste, je comprends jusqu'à un certain point ces rancunes, et nous aurons à nous expliquer là-dessus à cœur ouvert.

M. Z... Je n'ai jamais dissimulé mes sympathies pour la France; mais de là à la conséquence que vous leur supposez, la distance est grande.

M. X... Oui; mais les éventualités de l'avenir pourraient abréger cette distance; et c'est parce que cette perspective m'attristerait que je tiens à vous montrer sur quelle base fragile reposent, selon moi, vos présomptions, je ne veux pas dire vos espérances. Vous constatez un présent relativement heureux, et vous y voyez un favorable augure. Je prétends, moi, que, sous cette apparence de vitalité qui vous séduit, les germes de décomposition sont tellement développés, sont devenus si évidents que la France ne me paraît plus que le fantôme d'une nation, une agrégation factice d'éléments hostiles les uns aux autres, agrégation que, désormais, le moindre choc un peu sérieux fera évanouir, et peut-être ne doit-elle qu'à une situation géographique incomparable d'avoir pu conserver jusqu'à ce jour les apparences d'un corps homogène.

M. Z... Voilà qui est bien fort, et je vous attends à la démonstration.

W. X... J'y arrive. Vous m'accorderez, sans doute, que ce qui fait l'unité et, par conséquent, la force d'une nation, c'est ou un despotisme énergique et incontesté, qui décourage les oppositions, brise les résistances et fait converger toutes les forces vives vers un but unique marqué par sa volonté indiscutable, et vous savez tout aussi bien que moi que la France politique, c'est-à-dire l'immense majorité de ceux qui exercent une influence réelle sur la marche des événements, répugne à cette forme de gouvernement.

Ou bien, à défaut du despotisme, une certaine conformité de croyances religieuses et d'aspirations politiques (remarquez bien que je ne sépare pas ces deux ordres d'idées), une certaine constitution de la société, un ensemble d'institutions en rapport avec ces aspirations et ces croyances.

Or, que voyons-nous en France? Parlons d'abord des croyances religieuses, des masses inintelligentes qui professent le catholicisme par instinct; au-dessus, des classes éclairées qui n'ont pour lui qu'un respect de pure forme et s'abstiennent scrupuleusement de le pratiquer; quelques-uns, parmi ces derniers, l'affichent comme une mode ou comme un drapeau; enfin, une catégorie, de jour en jour plus nombreuse, professe l'impiété la plus ouverte; on dit que ce sont les hommes de progrès et que c'est à eux qu'appartient l'avenir. Voilà pour les croyances.

Quant à l'absence de conformité dans les aspirations politiques, vous pourriez me faire grâce de la démonstration. Sur ce point, nous constatons d'abord deux grandes divisions : d'un côté, monarchie, de l'autre, République; le parti de la monarchie se subdivisant lui-même en trois catégories bien tranchées, en trois adorations; la République offrant de son côté trois ou quatre nuances non moins tranchées : la couleur Thiers, le maintien du *statu quo*, sauf quelques modifications au sommet de l'édifice; une nuance plus foncée, la République sérieuse, doctrinaire, laissant entrevoir des réformes plus complètes; enfin, la nuance cramoisie, la société refondue, passée au creuset, purgée de ses scories et jetée dans un nouveau moule. J'ajouterais encore la ou les Républiques socialistes, si, après tant de discussions, ce mot avait pu acquérir une signification précise. Et comme on se contente des généralités et qu'aucun parti ne formule un programme net et complet; comme la principale occupation de chacun est d'injurier ses adversaires, chose fort ordinaire dans ce pays où l'on discourt énormément pour arriver à ne rien dire. s'il est facile de constater les divergences, il est assez difficile d'en déterminer les limites. Voilà pour les convictions politiques.

Parlons maintenant des divers éléments qui composent la société. Et d'abord, en France, plus d'aristocratie légale : on s'en applaudit, on s'en fait gloire, je le veux bien, à condition, toutefois, qu'en faisant disparaître les inconvénients de cette injustice relative, on en saura remplacer les avantages.

M. Z... Ces avantages, ils les contestent de la manière la plus formelle.

M. X... Je le sais : et pourtant une aristocratie dont les priviléges ne sont pas exorbitants, placée par ces priviléges mêmes au premier rang de la société et sentant le besoin de les payer à force de courage et de dévouement, toujours en vue, constamment soutenue, exaltée par le sentiment de la responsabilité, la puissance de l'esprit de corps, l'orgueil de race et les traditions d'honneur héréditaire ; qui s'étend sur le pays comme un réseau, entraînant tout par son influence, toujours prête à donner l'exemple du respect de l'autorité, dont elle est partie intégrante, à affronter au premier rang l'ennemi du dehors; une aristocratie dépositaire des traditions gouvernementales est-elle donc un si grand mal? Et, si on lisait attentivement dans le passé, peut-être trouverait-on que toutes les nations véritablement et longtemps puissantes ont été des nations aristocratiquement constituées; et cela doit être, car il faut un lien solide pour maintenir le faisceau. Honneur aux théoriciens français! Depuis quatre-vingts ans ils ont découvert que tous les hommes naissent égaux et qu'il ne doit y avoir entre eux d'autre différence que celle du mérite; et ils ont dépensé, pour le prouver, des trésors d'éloquence, et ils y sont parvenus; c'est magnifique; toutefois à la charge pour eux de prouver que tous les hommes sont naturellement sages, justes et courageux, et qu'il ne faut que les affranchir de toute contrainte pour voir éclore le règne de l'âge d'or: mais s'il est vrai que la masse des hommes est naturellement ignorante, apathique et lâche, que mettront-ils à la place de la contrainte matérielle qu'ils auront anéantie? Une contrainte morale, une abstraction, le sentiment du devoir; une autre abstraction, l'enthousiasme de la liberté: et comme ces abstractions ne peuvent devenir des réalités (quand elles le deviennent) qu'à la condition d'un certain niveau de lumières, de convictions éclairées et profondes, qu'arrivera-t-il? C'est qu'ils établiront leur édifice avant d'en avoir posé les fondements; ils échafauderont leurs savantes combinaisons politiques sur des instincts aveugles; puis, au premier moment, les instincts reprendront leur empire et ne rencontrant rien de solide devant eux, emporteront tout : et c'est précisément ce qui s'est produit plusieurs fois déjà, ce qui se produira encore.

M. Z... Vous êtes impitoyable.

M. X... Je ne fais que déduire des conséquences rigoureuses. Il est facile d'enivrer les peuples de l'orgueil des droits; ce qui l'est beaucoup moins, c'est de leur inspirer le sentiment du devoir, c'est de les faire renoncer à la quiétude et à l'insouciance qui sont pour eux la compensation d'une infériorité sociale; c'est de leur faire comprendre que l'ennoblissement de la délivrance, que la possession d'un régime de liberté doit être payée chez tous par une certaine somme d'efforts et d'initiative, chez les simples, efforts pour pénétrer le sens de la loi et en accomplir toutes les prescriptions; dans les classes plus éclairées, effort de chacun pour exercer autour de soi une salutaire influence et substituer ainsi à l'aristocratie légale celle des lumières et de la vertu : en un mot, pour tous, les préoccupations habituelles de la vie, doublées de celles qui ont rapport à la vie publique. Mais, en France, on s'occupe peu de tout cela; on commence par renverser, et quant à la reconstruction, advienne que pourra! Je les soupçonne même d'une horreur instinctive pour tout état de choses paisible et stable où il leur deviendrait difficile d'exercer leurs aptitudes spéciales qui sont, si je me trompe, de parader, de pérorer, d'intriguer et de dénigrer.

M. Z... Je suis un peu de votre avis sur ce point : mais n'oubliez pas que vous m'avez promis de montrer l'antagonisme des éléments dont se compose leur société.

M. X... J'y reviens : point d'aristocratie, disons-nous ; mais dans la population, deux grandes catégories, deux esprits, deux tendances ; je dirais presque deux religions et deux langages, les villes et les campagnes. Cette division qui se retrouve, plus ou moins, dans tous les états civilisés, n'est je crois nulle part plus tranchée; ce qui doit être attribué, en grande partie, à une longue habitude de toutes les espèces de centralisations. Aux campagnes la vie calme, la vie saine, l'obéissance facile et, en général, sans doute par suite du sentiment de leur ignorance, de leur incapacité, des aspirations monarchiques. Dans les villes, et surtout dans les villes industrielles, une population qui n'a guère perdu de son ignorance que le sentiment de cette igno-

rance même, présomptueuse, convoîteuse, re-
muante et aspirant, en général, à la République,
sans la comprendre, comme à un Eldorado, à la
réalisation d'un rêve de bonheur; nourrie de
lectures malsaines et des plaidoyers du journa-
lisme qui la maintiennent dans une atmosphère
d'exagération : aux premiers des croyances
naïves, aux secondes l'absence de toute croyance,
l'impatience de l'autorité et le culte de la force :
ces dernières tendances trouvent leur personni-
fication la plus complète dans la population ouvrière de Paris qui, grâce à l'absence générale
de convictions politiques, grâce à l'habitude
prise de tout centraliser dans cette capitale, a pu
faire et défaire les gouvernements et imposer ses
volontés au reste de la France. Mais il paraît que
d'autres villes importantes se sont déjà montrées
jalouses de cette prépotence et que le rêve de
quelques-uns de ces politiques est le fractionne-
ment de la France en un certain nombre de
petites Républiques assez indépendantes les unes
des autres : au point de vue de notre tranquillité, je n'y vois, pour ma part, aucun inconvénient. Au-dessus ou à côté du peuple des villes
et de celui des campagnes, vous trouvez des
hommes que les progrès du bien-être général
ont rendus fort nombreux, et qui, tenant du
peuple par l'origine et par la méfiance instinctive

vis-à-vis du pouvoir, d'une aristocratie par l'amour du luxe et des distinctions, forment une catégorie sans limites précises, sans esprit de corps, sans responsabilité, sans convictions; c'est ce qu'on est convenu d'appeler la bourgeoisie : on l'a vue tour à tour faire cause commune avec le peuple contre le pouvoir, et chercher derrière le pouvoir un abri contre les impatiences et les fureurs du peuple. Elle a produit des hommes de talent en assez grand nombre, des phraseurs par centaines, quelques politiques, peu de caractères. A ces éléments de division, je pourrais ajouter la distinction très-réelle, au point de vue du caractère et des tendances, entre le nord et le midi, et les sympathies anciennes et persistantes de l'ouest pour la légitimité.

Parlons-nous des institutions et de la manière dont est constituée cette société dont nous venons d'examiner à la hâte les éléments ? Nous remarquons d'abord que, depuis le premier empire, la France a passé par toutes les formes de gouvernement sans que l'organisation intérieure ait été sensiblement modifiée ; ce qui nous donne le droit de supposer, ou que cette organisation lui convient, et alors les changements de gouvernement n'ont été qu'un pur caprice, une question insignifiante de personnes ; ou que, les changements étant devenus nécessaires, ils n'ont eu ni le bon sens, ni l'énergie nécessaires pour les accomplir avec toutes leurs conséquences. Le caractère saillant de cette organisation, à l'envisager dans les institutions secondaires, c'est l'existence de corps distincts constitués assez fortement pour avoir vu tout crouler autour d'eux, à plusieurs reprises, et se maintenir encore debout.

Le clergé, soustrait par ses vœux à une partie des devoirs de la vie civile; exposé quelque peu à perdre la notion de patrie par l'habitude de tourner ses regards vers Rome; un État dans l'État; condamné par les entraînements de l'esprit de corps et par la manière dont il envisage l'alliance de la religion et de la politique à n'approuver pleinement qu'une certaine solution; toutes les autres il les subit comme provisoires : du reste, vu l'état intellectuel des masses, force morale incontestable.

L'armée, qui, jusqu'à ce jour, a été bien réellement par sa composition et son esprit un corps à part et non la nation elle-même, offrant pour sa défense le sang de tous ses enfants sans distinction, et, si je comprends bien certaines dispositions de la loi nouvelle, restera peut-être telle malgré des promesses pompeuses : l'armée assez embarrassée d'elle-même à l'intérieur, tour à tour invoquée comme une providence ou tenue en méfiance suprême, comme l'instrument de toutes les tyrannies ; aussi n'est-il pas étonnant que, indépendamment des propensions inhérentes à l'esprit de corps, elle penche naturellement vers ceux qui la regardent comme l'arc-boutant de l'édifice social.

La magistrature, dignité un peu gourmée, grande situation, fortune patrimoniale et hautes influences, opinions politiques faciles à déduire : négation sourde, mais énergique d'un certain ordre de choses (République) ; sur tout le reste accommodement facile.

L'université, c'est-à-dire le corps enseignant relevant de l'État, assez démocratiquement com-posée à la base, mais, à mesure qu'on s'élève vers les échelons supérieurs, portée par les sa-tisfactions de la vanité et l'amour de la quiétude vers le courant monarchique ; particulièrement en butte à la haine du clergé : celui-ci, trop enclin à confondre l'esprit religieux avec les ambitions de l'esprit de corps, sa seule passion avouable, et la ferveur du prosélytisme avec le désir de dominer la société par la direction exclusive de la jeunesse, abrite sa haine contre une rivale sous une accusation d'irréligion ou-verte, accusation que les tendances générales justifient, dans une certaine mesure.

Puis une armée entière de fonctionnaires relevant également de l'État et dont le nombre a été accru comme à plaisir et bien au delà des besoins réels ; espèce de milice civile qui aligne autour de tout pouvoir de fait ses bataillons assez bien disciplinés : peu d'attachement pour les principes ; demande surtout la sécurité de sa position et penchera toujours vers le régime qui offrira, sous ce rapport, les garanties les plus sérieuses.

N'oublions pas la presse, que son importance et l'autorisation, la règlementation de l'Etat élèvent à la hauteur d'une institution ; la presse, puissance incontestable, surtout pour le mal, répertoire très-varié de toutes les doctrincs, de toutes les théories, tour à tour et selon le vent des enthousiasmes factices ou des dénigrements odieux, parfois une note sensée, des plaidoyers toujours, n'obtient, en général, la faveur du public qu'à la condition d'une hostilité très-marquée envers le pouvoir : elle concentre son foyer d'action dans Paris ; réclame, il est vrai, la décentralisation par quelques-uns de ses organes, mais du bout des lèvres, et verrait avec désespoir qu'une décentralisation réelle et sérieuse de l'influence politique enlevât à la capitale le pouvoir ou l'espérance de s'imposer à la France entière , aux journalistes leur importance et

leurs séduisantes perspectives : en somme, nombre de feuilles publiques relativement restreint ;
chacune d'elles rivée d'avance à un parti pris ;
polémique violente ; la plume, qui devrait être
flambeau, devenue épée, tout journaliste doublé
d'un bretteur, part considérable à revendiquer
dans les événements les plus funestes : encore
une de ces bonnes choses dont les Français ont
su faire un fléau social.

Tout récemment, on a essayé d'introduire dans
l'organisation intérieure des modifications assez
importantes, en donnant aux conseils généraux
une initiative plus grande pour toutes les affaires
d'intérêt général, et en accordant aux conseils
municipaux une autonomie à peu près complète
pour toutes les affaires d'intérêt purement local :
mais la distinction entre ces deux ordres de
choses et d'idées est parfois délicate, et, sur ce
point, comme sur bien d'autres, il n'y a qu'un
sentiment profond et général de respect pour le
principe d'autorité qui puisse prévenir les im-
mixtions inopportunes, les hostilités systématiques et les empiétements d'attributions ; aussi
ces derniers conseils se sont-ils fait remarquer
déjà par une opposition assez énergique au pouvoir central.

Enfin, pour caractériser d'un mot l'état politique de cette nation, on peut dire que, depuis

quatre-vingts ans, le peuple et la bourgeoisie sont dans un état d'hostilité, de méfiance permanentes, sans avoir pu parvenir à se fondre en un tout harmonique ; qu'elles ont chacune à leur tour invoqué la royauté comme un pis-aller, comme un moyen de couper court à leurs dissensions et ne l'ont respectée que tout juste le temps d'oublier qu'elle leur avait paru indispensable : les deux adversaires se retrouvent de nouveau en présence ; que va-t-il en advenir ?

Nous venons d'examiner sommairement : 1° les courants de l'opinion politique et religieuse en France ; 2° les éléments divers dont s'y compose la société ; 3° l'organisation intérieure : soyez franc, et dites-moi si vous voyez dans tout cela les conditions d'une unité bien compacte, surtout si l'on se place au point de vue du maintien de la forme républicaine ?

M. Z... Je pourrais vous répondre que les germes de division que vous constatez se retrouvent un peu chez toutes les nations.

M. X... Ni aussi nombreux, ni aussi développés, sauf peut-être chez quelques-unes qu'il serait facile de désigner, et nous en voyons, en ce moment même, les funestes conséquences : mais chez toutes celles dont la marche politique est logique, sérieuse, et par conséquent pacifique, ils sont neutralisés par le respect profond d'un homme ou d'un principe. Ici rien de semblable : on y invoque les principes à tout propos, mais pour s'en faire une arme de circonstance, sauf, plus tard, à les battre en brèche par des principes contraires : la légalité n'y est qu'une hypocrisie, la force est l'unique loi. Quant au respect pour les hommes, laissez-moi vous dire qu'il consiste à les diviniser pour avoir le droit d'en tout attendre, et qu'au premier échec, l'idole est traînée dans la fange.

M. Z... Je ne puis m'empêcher de vous répéter que le spectacle offert en ce moment même par la France paraît un démenti donné à vos appréciations. Le nom de son nouveau chef est respecté et sympathique ; la nation presque entière paraît se porter avec calme, réflexion, avec une persistance de bon augure vers l'acceptation définitive de la République.

M. X... Ainsi vous espérez que, sous l'égide de M. Thiers, les passions se calmeront peu à peu, les partis arriveront à se fondre en une imposante majorité sincèrement républicaine ; que le pays tout entier, ne se rappelant du passé que les sévères leçons qu'il renferme, s'attellera bravement à l'œuvre de la régénération.

M. Z... Oui, je l'espère au nom de ce sentiment d'humanité qui nous rend si douloureux le spectacle des agitations et des luttes intestines.

M. X... Et vous vous appuyez, pour augurer ce succès, sur l'activité déployée, sur le prompt retour de la prospérité matérielle, sur toutes ces sympathies apparentes qui se groupent autour du Président, sur les résultats successifs de plusieurs élections.

M. Z... C'est cela même.

M. X... Que n'aurais-je pas à vous dire et sur les hommes et sur les choses pour vous prouver que ce n'est là qu'un mirage trompeur ! Ne pourrait-on pas soutenir, par exemple, que cette prospérité matérielle si hautement proclamée peut s'expliquer par les besoins accumulés au lendemain de deux guerres terribles, par l'activité inhérente à ce peuple et par la soif des jouissances dont cette activité prépare la satisfaction ; que l'empressement à acclamer le chef actuel procède de la fatigue des agitations et du besoin impérieux d'être gouvernés, besoin qui se fait sentir à tous, même à ceux qui réclament le plus haut la liberté et reculent d'instinct devant les nécessités qu'elle impose ; que prospérité et sympathies ont été au moins aussi grandes en 1852 au profit de Napoléon et que, par conséquent, nous sommes autorisés à y voir moins l'œuvre des hommes que le résultat d'une situation ; que, du reste, les éminentes facultés de M. Thiers comme administrateur ne sauraient être contestées, mais qu'on aurait plus de plaisir à les reconnaître s'il mettait moins d'affectation à les faire remarquer lui-même ; que les votes favorables à la République procèdent en grand nombre moins d'une opinion raisonnée que de l'empressement à accepter ce qui existe pour se soustraire aux incertitudes et aux périls de l'avenir ; que d'ailleurs le nombre des abstentions presque toujours considérable ne prouve pas l'universalité des adhésions ; que l'origine et la conclusion de cette épouvantable guerre civile... Mais tout cela nous entraînerait trop loin et vous ne manqueriez pas de me reprocher encore de la passion et du parti-pris ; puis je commence à me lasser de ce rôle d'accusateur, qui contraste un peu trop avec votre excessive bienveillance ; je me bornerai donc à résumer en quelques mots la situation telle qu'elle m'apparaît.

Que voyons-nous ? Un gouvernement qui, jusqu'à ce jour, n'a guère de la République que le nom, et dont les chefs ne se croient pas assez forts pour se passer de l'état de siége.

Une Assemblée, créée dans des circonstances exceptionnelles et pour une mission déterminée, un peu effacée d'abord, et qui s'est avisée de révendiquer l'omnipotence, d'étendre outre mesure et, bien entendu, à son profit la portée des fictions constitutionnelles, au moment même où il

était permis de croire qu'elle avait cessé de re-
présenter exactement l'opinion de la majorité du
pays ; elle est composée d'éléments hétérogènes
qui peuvent être ainsi classés :

1° Les républicains de vieille souche, mal-
adroits, impolitiques ; ils invoquent des dates et
des ancêtres peu rassurants et, sur des points es-
sentiels, professent des opinions qui seront toujours antipathiques au plus grand nombre ; assez
portés, du reste, à s'attribuer le mérite d'avoir
inventé la République et persistant à vouloir la
placer sous leur patronage exclusif : ils oublient
trop quelle lourde responsabilité incombe à leur
parti dans les malheurs qu'a déjà attirés à la
France et que lui attirera probablement encore
l'adoption prématurée de cette forme de gouvernement.

2° Les monarchistes avoués, qui se croient tels
parce qu'ils prennent pour des convictions rai-
sonnées l'empire de vieilles habitudes, les sug-
gestions de la haine, de l'égoïsme et de la vanité,
et ne soupçonnent peut-être pas la nécessité d'un
énergique dévouement chez les partisans et les
soutiens de la monarchie ; unis momentanément
pour l'attaque et ne pouvant nier l'existence
d'une force qui leur est hostile, mais trop or-
gueilleux ou trop pusillanimes pour descendre
dans l'arène des pacifiques discussions et la pren-

dre corps à corps, ils trouvent plus commode de la calomnier et ne savent trouver contre elle que les conseils de la violence.

Les uns et les autres échangent fréquemment des objurgations qui rappellent les plus mauvais jours, et ne craignent pas de ressasser à tout propos les malheurs du pays pour y puiser les arguments de la passion.

3° Entre ces deux partis extrêmes, des hommes nombreux de nuance indécise, amoureux par-dessus tout de la quiétude, dont les uns s'accommoderaient assez de la République, pourvu qu'elle conservât à peu près les institutions de la monarchie, les autres acclameraient volontiers une monarchie, pour peu qu'elle se donnât des allures républicaines ; ils désirent assez fermement le maintien du *statu quo*, mais pour s'épargner l'ennui de prévoir et de préparer un lendemain ; appuyant tantôt à droite, tantôt à gauche, ils contribuent pour une large part à ôter aux votes de la Chambre une signification précise, à prolonger les irrésolutions du pays.

En somme, prise dans son ensemble, que représente cette Assemblée? l'idée républicaine, ou l'idée monarchique? Je serais porté à croire, quant à moi, qu'elle ne représente ni l'une ni l'autre, mais uniquement cette passion de la bourgeoisie pour l'exercice du pouvoir dont elle est toute fière (« L'histoire dira... Nous faisons de l'histoire... »), sans y voir autre chose que des satisfactions égoïstes ; ce qu'elle a prouvé avec une naïveté singulière en maintes circonstances, mais surtout par son empressement à s'adjuger les hauts emplois. Elle est, du reste, assez dépourvue du véritable esprit politique ; et, après s'être bornée d'abord à sa véritable fonction, qui est celle d'un haut contrôle, on l'a vue s'élever tout à coup contre le chef créé par elle et inaugurer avec éclat les conflits de pouvoir toujours si funestes.

A côté d'elle (naguère, j'aurais dit au-dessus ; aujourd'hui, je serais tenté de dire au-dessous), à côté d'elle, un Président, homme d'un vaste savoir, trop de savoir, peut-être, car il en résulte souvent une propension marquée à ne juger les réalités qu'à travers les analogies si souvent trompeuses de l'histoire et les théories qu'on en a déduites. Il a bien voulu s'arracher à ses études favorites pour devenir le premier magistrat de son pays ; mais il entend qu'on lui soit reconnaissant de ce sacrifice, et déjà il a prononcé le mot malheureux d'ingratitude. Du reste, il a hâte, et il le dit trop souvent, d'être délivré de cette tâche qu'il ne regarde que comme un fardeau. Il s'est donné la mission d'établir le régime républicain, par acquit de conscience, et sans grande confiance dans le résultat final ; et, malheureusement, il laisse trop percer ce découragement. Dès le début de son administration, il a dit : « Gardons la République ; c'est le gouvernement qui nous divise le moins. » Ce qui donne le droit de supposer qu'à ses yeux elle n'avait d'autre mérite que celui d'être un pis-aller. Plus tard, il a dit encore : « Faisons un essai loyal. » Un essai ! *Experimentum in animâ vili !* Il faut avouer que rien de tout cela n'annonçait une foi profonde. Plus tard, il est vrai, éclairé sans doute par la pratique des réalités, il a eu, dans une circonstance solennelle, l'inspiration d'un véritable homme d'Etat ; il a compris qu'il appartient à celui qui voit les choses de haut d'indiquer la voie et de peser sur les déterminations. Seulement, on peut regretter que, dans cette circonstance même, il ait atténué l'effet de son conseil en mettant en regard l'expression contraire de ses convictions personnelles. Craignait-il de tomber sous le coup du ridicule par cette brusque conversion ? Mais les hommes sérieux auraient compris et lui auraient su gré. Craignait-il que les événements ultérieurs ne vinssent lui donner un démenti et porter atteinte à sa réputation de politique ? Mais c'est là une considération de pur amour-propre qui doit rester étrangère à tous ceux qui ont la conscience de travailler uniquement à l'intérêt de leur pays. Ce n'est pas avec toutes ces hésitations, toutes ces réserves, qu'on établit entre les peuples et leurs chefs le courant électrique de confiance et de dévouement mutuel. Si je ne me trompe, M. Thiers ne sera jamais que l'homme de la bourgeoisie, dont il est d'ailleurs une des plus éclatantes personnifications ; il ne sera jamais l'homme du peuple. C'est qu'il n'est pas donné à tout le monde d'avoir l'oreille du peuple : à défaut de ces faits éclatants qui frappent son imagination, il faut savoir trouver le chemin de son cœur. Mais je crois savoir que c'est là une chose dont il se soucie médiocrement ; et pourtant, je le lui déclare, à lui et aux autres chefs de la France, elle est indispensable à l'accomplissement de toutes les grandes rénovations. Malgré tout son savoir, et peut-être à cause de son savoir même, il paraît ignorer les véritables conditions du régime qu'il se charge d'introniser, conditions qui sont, après tout, une affaire de simple bon sens, partageant avec la grande majorité de l'Assemblée cette erreur (erreur volontaire de la part d'un grand nombre) qui consiste à faire reposer le passage d'un régime à un autre dans quelques modifications accomplies au sommet de la société, la base restant à peu près intacte ; modifications que les masses accepteront par pure formalité et sans les bien comprendre, sans voir dans cette acceptation un engagement sérieux.

C'est autant par des rancunes de susceptibilité que par suite de divergence politique qu'il est en hostilité avec cette majorité, à laquelle le rattachent d'ailleurs et ses antécédents politiques, et les propensions de son caractère. Il a cru pouvoir la malmener; aujourd'hui, elle s'étudie à le lui rendre avec usure; et, fort peu sympathique à la minorité, il n'est soutenu par elle que comme un en-tout-cas et un acheminement.

Il est tout à fait évident que le point de départ de sa lutte avec les premiers, c'est qu'il n'a pas réalisé leurs espérances à l'endroit de la monarchie : Or, que penser de la nécessité d'une monarchie sur laquelle les refus d'un homme peuvent faire peser l'interdit ?

Il est non moins évident que, s'il a pu obtenir jusqu'à ce jour l'appui et les éloges des seconds, c'est parce qu'il a bien voulu faire acte d'adhésion à la République, sans expliquer comment il la comprend, ce qu'on n'a eu garde de lui demander, de peur d'amener des malentendus : Or que penser de l'avenir d'une République dont les partisans déclarés avouent implicitement que son existence est suspendue au fil d'une seule volonté ?

Doué d'une confiance illimitée dans la puissance de la parole, se complaisant dans l'emploi des séductions, dans l'exercice de ce qu'on appelle l'art de manier les hommes, il fait consister tout le secret du gouvernement à tenir les partis en échec en les annulant les uns par les autres et ne comprend guère d'autre régime que celui qui fait dépendre des incidents d'une discussion passionnée ou des hasards d'un vote la sécurité, la tranquillité de tout un pays : il paraît croire que, s'il parvient à le faire durer quelques années encore, il aura établi définitivement la République en France. Passez-moi une comparaison familière : un char est attelé de chevaux fougueux qui s'élancent en sens divers et à chaque élan lui impriment des secousses violentes : debout sur un siége élevé, impassible et ferme, l'automédon emploie toute son attention et toute son énergie à les contenir ; on admire son adresse, sa force, son sang-froid : lui-même paraît s'enivrer des applaudissements : mais le char avance peu et à chaque instant il est près de verser dans les ornières. Telle me paraît être l'image assez exacte des avantages attachés à ce régime.

Administrée par ces pouvoirs, la population assiste aux péripéties gouvernementales comme à un spectacle assez émouvant : des adresses nombreuses ont pu être envoyées au Président, remarquables surtout comme témoignages de confiance et de sympathie personnelles ; mais, au point de vue des solutions politiques, rien qui ressemble au cri sorti des entrailles de tout un peuple, rien qui indique nettement et pacifiquement ses préférences et interdise tout hésitation et toute incertitude. Aussi entend-on chaque jour les divers organes de l'opinion soutenir, avec une égale vraisemblance, les uns que la France est monarchique, les autres qu'elle est républicaine. La vérité est peut-être qu'elle n'est ni l'un ni l'autre ; qu'elle est encore incapable de comprendre cette vérité élémentaire : c'est qu'il est de devoir impérieux pour tous de contribuer à fonder et à soutenir le gouvernement du pays, première condition de sa prospérité ; que c'est une des formes du patriotisme, qui ne consiste pas uniquement à chanter la *Marseillaise*.

J'ai appris d'ailleurs d'une source sûre que, depuis les derniers incidents parlementaires et les progrès si marqués de la droite de l'Assemblée, tous ceux auxquels l'habitude des fonctions salariées donne le *altior intellectus* montrent une tiédeur marquée pour la forme républicaine.

La sourde hostilité du clergé et de la magistrature devient de plus en plus transparente, et le respect affiché pour le chef de l'Etat de plus en plus suspect.

L'armée observe.

Voilà pour la situation actuelle.

M. Z... Le tableau n'est pas flatté et vos jugements sont sévères : trop sévères, car vous ne faites pas assez la part des circonstances : aussi, malgré vos lugubres prévisions, je crois que la France peut encore espérer en l'avenir.

M. X... Eh bien, cet avenir, essayons de le préjuger.

Puisque les monarchistes déclarent ouvertement qu'ils veulent réserver toutes leurs espérances, il nous est bien permis de placer la monarchie parmi les éventualités qu'il tient en réserve. Elle ne peut se produire que sous trois formes : la royauté de droit divin ; un despotisme militaire ; une royauté constitutionnelle.

La première suppose nécessairement, qu'on l'avoue ou qu'on ne l'avoue pas, trois choses : prépondérance du clergé, reconstitution d'une aristocratie, absolutisme, plus ou moins mitigé, mais réel. Le drapeau de la légitimité ne peut avoir une signification distincte qu'à cette condition. Or, pour qui connaît la France, énoncer cette condition n'est-ce pas déclarer que cette royauté est impossible. Ajoutons qu'elle n'a plus de racine dans le pays, où elle est à peu près oubliée, sauf dans quelques centres qui ne forment qu'une minorité insignifiante. En se retranchant fièrement dans les prérogatives du droit ancien, M. de Chambord, en qui elle se personnifie, n'ignore pas qu'il signe, en quelque sorte, son abdication ; mais il préfère cette attitude qui ne manque pas d'une certaine grandeur, à des compromis qui ne sauraient le préserver des échecs, pas plus qu'ils n'en ont préservé la branche cadette, sa rivale. Et si une circonstance quelconque favorisant une surprise de l'opinion permettait à ses féaux de l'installer, où trouverait-elle son point d'appui contre les hostilités qui, de toute parts, viendraient l'assaillir ? Les campagnes affolées entrevoyant déjà, malgré les affirmations rassurantes, dépossession du sol, dîmes, corvées seigneuriales, dont le souvenir est resté vivant dans la tradition ; la petite bourgeoisie furieuse de se voir condamnée à une nullité politique humiliante ; les privilégiés de création nouvelle sans influence ; l'armée vouée à d'autres attachements ; contre tant d'ennemis, le clergé : mais hélas !

> Suffira-t-il contre eux de ces ministres saints
> Qui, levant vers le ciel leurs innocentes mains,
> Ne savent que gémir et prier pour nos crimes...

et comme conclusion, un cataclysme à courte échéance. Inutile d'insister sur cette hypothèse.

Un despotisme militaire ? Si l'on consulte le passé, il est permis d'affirmer que, depuis la chute de l'aristocratie, ce régime est le seul qui ait pu garantir à ce peuple d'enfants terribles la tranquillité intérieure et la force au dehors ; mais, en France, les classes dirigeantes, alors même qu'elles seraient convaincues que seul il peut empêcher le pays d'user ses forces et son énergie dans les luttes intestines, que seul il peut le discipliner, le refaire, l'aguerrir et préparer la résurrection de sa puissance, les classes dirigeantes n'auront jamais assez de courage civil pour sacrifier les intérêts de leur amour-propre à des intérêts d'un ordre supérieur, à ceux de la Patrie. Peut-être le supporteraient-elles cependant, mais à une condition quelque peu difficile, c'est qu'il débuterait par un succès militaire et serait toujours heureux. D'ailleurs, un despotisme ne s'improvise pas ; il faut des circonstances, il faut des antécédents. Le seul qui soit possible, même en ce moment, est peut-être encore celui d'un Napoléon. Mais une restauration de cette famille ne saurait être durable : indépendamment des autres considérations, elle aurait l'inconvénient grave de fournir un prétexte nouveau, un prétexte brûlant à la division politique entre les villes et les campagnes : le souvenir cuisant des revers cruellement exploité créerait des hostilités sans fin, nécessiterait des répressions nombreuses : énergiquement repoussée par les uns, acclamée

par les autres, cette famille serait vouée fatalement ou à sombrer dans une émeute, ou à se
maintenir par une espèce de Jacquerie et par la
terreur, et pour combien de temps !... Dans ce
cas encore le cataclysme est inévitable. Reste la
monarchie constitutionnelle.

M. Z... J'espère que celle-là va trouver grâce
devant ; vous ne pouvez nier qu'elle ait été pratiquée avec un certain éclat.

M. X... Assurément, elle a fourni d'assez jolis
modèles de rhétorique parlementaire : vous n'a-
vez pas oublié cependant que les divers essais
qu'on en a faits ont abouti invariablement à des
catastrophes.

Le gouvernement constitutionnel ! mais c'est
admirable ! mais c'est charmant ! Songez-y donc :
pondération des pouvoirs, représentation sérieuse,
contrôle efficace, responsabilité ministérielle ; la
responsabilité ministérielle surtout, quelle admirable invention ! l'essor donné aux intelligences,
à toutes les nobles ambitions ; les grandes, les
précieuses libertés de la parole ; les droits du
peuple, monsieur, les droits du peuple proclamés
constamment par des voix que rien ne peut
étouffer ; la soupape qui doit empêcher toutes
les explosions... Voilà la théorie ; elle est sé-
duisante : examinons l'application.

Disons d'abord qu'à toute monarchie un prestige est nécessaire : en France il a été détruit par les habitudes de libre discussion, par tant de changements successifs et par la chute sans grandeur de la dernière dynastie.

Deuxième difficulté : Supprimera-t-on le suffrage universel? Cela pourrait offrir quelques difficultés, et pensez-vous qu'il soit possible d'en concilier la pratique avec cette nécessité d'un prestige, avec l'application du principe de l'hérédité ?

Toutefois ces deux difficultés pourraient être atténuées par un attachement marqué et général pour une famille, et surtout par une préférence non moins marquée et non moins générale pour cette espèce de gouvernement. Mais vous savez bien que, s'il existe dans le peuple un attachement marqué pour une famille, ce n'est pas pour celle qui représente les idées constitutionnelles ; et vous savez aussi que, dans cette pauvre France, il n'y a pas d'opinion générale, d'opinion dominante, il n'y a guère que des intérêts et des instincts et que jamais la résolution d'un jour n'a pu faire préjuger celle du lendemain.

D'ailleurs comment y a-t-on envisagé jusqu'à ce jour le rôle des divers pouvoirs ?

Le souverain constitutionnel est assisté par des ministres qui sont responsables devant la Nation representée par deux chambres. Vous pensez sans doute, comme moi, que la responsabilité est éclose, surtout de la nécessité de concilier le prestige du souverain avec l'obligation où il se trouve de subir le contrôle de la Nation : elle lui permet de se déjuger sans humiliation et par le simple changement d'un ministère qui est censé emporter avec lui toutes les causes de divergences : à ce point de vue, j'en conviens, le rôle du ministre est un peu sacrifié ; mais prétendrait-on faire de la monarchie sans un peu de dévouement ? Or, qu'avons-nous vu en France ? La bourgeoisie, toute fière d'exercer le pouvoir, affichant la prétention de réduire le monarque au rôle d'un automate ; et le pauvre monarque réduit à l'une de ces deux alternatives, le ridicule ou la *terrible* accusation de viser au gouvernement personnel. D'ailleurs, irresponsable de par la loi, il a toujours été parfaitement responsable devant l'émeute, et, pendant qu'il avait peine à sauver sa vie, les ministres responsables de par la loi, pouvaient toujours se tirer d'affaire par une démission donnée en temps opportun.

Vous pensez comme moi, que si les chambres sont investies du pouvoir législatif, c'est pour prévenir l'établissement du despotisme en empêchant la réunion des deux pouvoirs dans une même main et non pour en faire des machines à légiférer à jet continu : Or, jusqu'ici nous avons vu les chambres françaises subissant trop complaisamment la pression des circonstances, prodiguer les lois politiques et contribuer, pour une large part, à en détruire le respect par leur multiplicité même et leurs fréquentes contradictions.

Vous pensez comme moi, que les chambres ayant surtout le caractère d'un contrôle, leurs membres devaient conserver vis-à-vis du pouvoir et la réalité et même les apparences d'une indépendance complète, et s'abstenir de briguer ou d'accepter ses faveurs pendant toute la durée de leur mandat. Or, il est assez notoire que les députés français répugnent peu au cumul des fonctions, que même un grand nombre d'entre eux n'envisagent leur mandat que comme un acheminement à des positions, sinon plus sérieuses, du moins plus stables (il est si doux de servir ses propres intérêts tout en se dévouant à ceux de son pays !), que les gouvernements sont contraints, par les oppositions systématiques et le besoin de satisfaire des ambitions béantes, à user d'une corruption très-volontairement subie ; enfin que, sur ce point encore, l'esprit véritable des institutions est méconnu.

Vous pensez, comme moi, que le but d'une représentation est de rendre possibles, en restreignant le nombre, et la discussion et l'accord à intervenir ; que, le premier besoin du pays étant la paix intérieure, la première condition tacitement imposée aux délégués est de la conclure, en se la facilitant, au besoin, par des concessions mutuelles. Or, tout le monde sait que les chambres françaises n'ont jamais brillé par le calme des discussions et leurs résultats pratiques. Dès leur arrivée, les députés ont pour premier soin de se partager en groupes distincts et hostiles dont tous les membres deviennent solidaires les uns des autres : chacun d'eux, placé ainsi dès l'abord dans un milieu exclusif et enlevé à la spontanéité de ses impressions, se voit entraîné, à son insu et souvent malgré lui, dans un courant d'approbation illimitée ou d'opposition systématique : placés, en quelque sorte, sur un piédestal, ces groupes personnifient d'une manière saisissante les divers partis qui divisent le pays et lui donnent de haut le signal et l'exemple des luttes intestines, trop souvent même on a vu de ces députés faire entendre des appels directs aux passions et commettre ainsi l'espèce de forfaiture dont se rendrait coupable un ambassadeur qui, chargé d'amener à la paix deux ennemis, prendrait les armes contre l'un deux.

Vous pensez, comme moi, que dans tout système de gouvernement basé sur le suffrage les solutions sont une question de nombre et que, le résultat une fois constaté, il est de devoir pour tous de se rallier franchement, loyalement, dans la pratique, au parti qui a obtenu la majorité : autrement, grand Dieu ! où donc serait l'utilité de ce système ? Or, je n'ai pas à vous apprendre que, en France, on fait consister le suprême mérite, non pas seulement à conserver les mêmes opinions, ce qui pourrait être fort respectable, mais à en poursuivre par tous les moyens l'application immédiate, que même on y met d'autant plus de hardiesse et d'énergie, qu'on est plus avancé dans l'opposition.

Vous pensez, comme moi, que cette grave mission d'un contrôle à exercer sur les actes du pouvoir commande beaucoup de tact et surtout de mesure, sous peine d'avilir l'autorité et de compromettre la paix publique, dont cette autorité est la sauvegarde ; que les hommes sérieux et vraiment politiques savent éviter les occasions de conflits bruyants en aplanissant les difficultés par les calmes discussions du cabinet ; qu'ils savent se garder également et des empiètements d'attributions et des mesquines susceptibilités. Or, vous savez parfaitement avec quelle triste habileté on sait donner des proportions énormes aux plus légers dissentiments, pour en faire un prétexte à des séances d'apparat, aux joutes de la parole, aux récriminations envenimées, qui jettent le trouble dans les esprits et usent rapidement tous les ressorts de la machine gouvernementale ; vous savez parfaitement quelle méfiance blessante on se plaît à afficher à l'égard du souverain et que les plus accrédités parmi leurs hommes politiques n'ont jamais su être les hommes du pouvoir que quand ce pouvoir était eux-mêmes.

Enfin vous pensez, comme moi, que si le but principal de la représentation est le contrôle, l'idéal à poursuivre est cet état de choses où le pouvoir restant fidèle à ses engagements, et la Chambre n'ayant à formuler aucun reproche, la tribune reste le plus souvent muette. Mais, assurément, vous n'espérez pas le persuader à des Français ; eux qui, soit représentants soit représentés, cesseraient de croire à l'accomplissement sérieux du mandat dès l'instant où l'on cesserait d'entendre retentir les grands éclats de voix, les véhémentes apostrophes.

Aussi vous me permettrez bien de dire qu'ils n'ont jamais compris le gouvernement constitutionnel, qu'ils n'en ont jamais eu que la parade. Et comme tout ce que nous voyons, en ce moment même, annonce que, le cas échéant, ils le pratiqueraient comme ils l'ont pratiqué jusqu'à ce jour, nous sommes pleinement autorisés à prévoir les mêmes résultats.

Certes, j'admire le courage de messieurs d'Orléans, s'il est vrai, comme on l'assure, qu'ils seraient disposés à remonter sur le trône de leur père. Comment ne comprennent-ils pas que la bourgeoisie, qui les appelle, n'a d'autre but que de les placer entre elle et le peuple, dont elle sent monter le flot, pour leur laisser la charge et la responsabilité des répressions. Qu'ils se rappellent donc comment, aux jours du danger, les majorités s'évanouissent (Boissy d'Anglas n'a pas fait école); puis, au lendemain des catastrophes, il se trouve toujours des gens pour rendre le pouvoir déchu responsable des coalitions hybrides formées contre lui, pour prouver d'une manière irréfutable que les vaincus avaient tort et qu'ils ont succombé sous le poids de leurs propres fautes. A moins d'un goût prononcé pour le rôle de plastron politique, je ne vois pas ce qu'il peut y avoir de séduisant dans la perspective qui leur est offerte.

M. Z... Voilà le gouvernement constitutionnel condamné à son tour : Vous leur conseilleriez donc d'adopter la République?

M. X... Je n'ai garde de le dire.

M. Z... Il me semble pourtant que c'est la conséquence forcée de vos appréciations.

M. X... Permettez ; je ne me suis nullement chargé de leur choisir une forme de gouvernement ;

la tâche serait trop épineuse et la réussite trop aléatoire. Je n'ai d'autre prétention que de déterminer ce qui arrivera, selon moi, dans tel cas donné. Après avoir parcouru les diverses éventualités attachées à l'adoption de la monarchie, je suis obligé de reconnaître qu'ils n'ont pas d'autre ressource que la République; mais je regrette sincèrement pour eux qu'il n'y ait pas quelque autre parti à leur proposer.

M. Z... Et pourquoi donc ?

M. X... Eh! mon Dieu ! parce que de tous les peuples que je puis connaître, le Français est assurément le moins propre à la pratiquer : ils y répugnent, en quelque sorte, par toutes les propensions de leur caractère. En dépit de leur fameuse devise, ils n'ont ni le sentiment vrai, ni le désir de l'*égalité*; ils l'aiment en ce sens qu'ils supportent dificilement des supérieurs ; mais chacun d'eux est fort aise d'avoir des inférieurs et de peser sur eux de tout le poids de la vanité satisfaite; nulle part n'est plus marquée la passion pour l'exercice de l'autorité, nulle part n'est plus générale la morgue des autorités de seconde main. Quant à la *liberté*, ils ne se croient certains de la posséder qu'à la condition de pouvoir en abuser impunément; et nous savons tous comment ils pratiquent la *fraternité;* si les horreurs de leurs luttes civiles pouvaient nous sortir de la mémoire, les violences de leurs discussions et de leur polémique viendraient nous les rappeler chaque jour.

Habitués à donner comme but unique à leur activité les jouissances personnelles, les jouissances de la vie privée, ils ne comprennent pas la vie publique, ou ne la comprennent que comme une fièvre temporaire et paraissent peu capables de cette initiative calme, constante, raisonnée qui est la condition indispensable d'un régime de liberté.

La République suppose la notion générale du droit, le sentiment profond du devoir ; et ils ont pour principal mobile les satisfactions de la vanité et un besoin inné de la pose théâtrale.

La République exige l'obéissance scrupuleuse aux lois consenties, et ils aiment à se poser par la résistance aux lois et à ceux qui les représentent : elle commande le respect sincère d'une autorité régulièrement élue ; et ils ne connaissent vis-à-vis des pouvoirs que deux attitudes : l'engouement irréfléchi, l'admiration béate, ou l'hostilité frondeuse, l'ironie sotte et dissolvante, parfois le cynisme de la haine.

La République, sous peine de n'être qu'un accident dans la vie d'un peuple, veut être recherchée pour elle-même, pour les nobles priviléges qu'elle confère, pour la dignité, l'indépendance qu'elle donne à l'individu ; et nous avons vu plusieurs fois déjà la France se porter à peu près unanime vers le despotisme. Aussi quand nous considérons que, à part quelques hommes éclairés et convaincus, ses partisans appartiennent, en général, aux classes pauvres, et que c'est dans les classes aisées et instruites (qui pourtant devraient être les plus accessibles aux considérations dont je viens de parler) qu'elle rencontre ses adversaires les plus acharnés, on se sent porté à croire que les uns la recherchent uniquement parce qu'ils y entrevoient la satisfaction de leurs intérêts, que les autres la repoussent parce qu'ils y voient une menace pour les leurs ; et qu'en somme, sous apparence d'une question politique, il n'y a guère autre chose que cette éternelle question de la pauvreté et de la richesse.

Ajoutons comme tout aussi peu conciliable avec les véritables idées républicaines, l'opinion généralement admise parmi leurs politiques sur l'efficacité d'un coup de main ou d'une surprise de l'opinion, pour installer un gouvernement durable ; leur manie des théories creuses, auxquelles ils attribuent naïvement une valeur propre et indépendante de la coopération active et intelligente des masses auxquelles on les applique ; et cette idée fausse qui a cours parmi eux, c'est que la République doit, au nom de la liberté, savoir faire bon ménage avec l'existence et les prétentions des divers partis, même après une manifestation incontestée de l'opinion générale : ils ne savent pas voir qu'un Etat républicain ne peut être puissant que s'il obtient du bon sens, de la loyauté, du patriotisme des citoyens, cette unité d'efforts et de tendances que le despotisme impose par la terreur.

Aussi, je crois fort que, pratiqué par eux, la République aboutira toujours et fatalement à ces deux résultats : au dehors la grande politique devenue impossible, au dedans les agitations rendues inévitables.

D'ailleurs il resterait encore à déterminer quelle espèce de République ils se proposent d'adopter : car vous n'ignorez pas que ce mot prend dans leur bouche une signification fort élastique.

M. Z... Assurément ; ils ont à opter entre la République conservatrice et la République radicale.

M. X... En effet il n'y a guère, en ce moment, que ces deux-là qui se partagent les craintes et les espérances.

M. Z... Le choix ne saurait être douteux, et l'opinion, hautement exprimée, du chef de l'Etat doit fixer à cet égard toutes les indécisions.

M. X... Nous supposerons donc qu'ils vont

adopter la République dite conservatrice. Mais d'abord que faut-il entendre par ce mot ? M. Thiers, qui reconnaît volontiers que le Français se laisse trop souvent influencer par des mots mal définis, n'a-t-il pas lui-même favorisé cette tendance en adoptant solennellement cette épithète, en lui donnant la valeur d'une devise ? S'il a bien remarqué de quel côté sont parties les approbations, quels sont les groupes qui l'ont acceptée et colportée avec le plus d'empressement, il a dû supposer qu'on n'y attachait pas le sens qu'il a voulu probablement y attacher lui-même.

Selon moi ce mot ne signifie rien, ou il signifie beaucoup trop.

Veut-il dire : engagement à ne pas bouleverser la société de fond en comble du jour au lendemain, à ne pas jeter la perturbation dans tous les intérêts, dans toutes les relations intérieures et extérieures, à ne pas compromettre brusquement toutes les positions ? Dans ce cas, il n'est qu'une banalité ; il ne fait qu'énoncer ce qui est le devoir de tout gouvernement sérieux. Veut-il dire : engagement à conserver indéfiniment toutes les institutions actuelles, sauf quelques modifications au sommet de l'édifice ? Dans ce cas, je le répète, il signifie beaucoup trop ; il favorise les hypocrisies, ôte toute sincérité à l'adoption de la République et en facilite le renversement.

M. Z... On ne prétend pas qu'elle réalisera immédiatement l'idéal de la perfection; il doit suffire qu'elle remplisse les conditions d'un acheminement, d'une transition nécessaire.

M. X... Je crois, comme vous, qu'elle sera une transition; mais à quel ordre de choses? Sur ce point, sans doute, nous ne sommes pas du même avis. Elle pourrait être ce que vous espérez, si tous ceux qui l'adopteront étaient parfaitement sincères; si, convaincus de la nécessité de la République, ils acceptaient résolûment le principe avec toutes ses conséquences, bien décidés à en faciliter l'application complète dans l'avenir; s'ils renonçaient définitivement à acheter une quiétude égoïste par l'abdication des droits et des responsabilités entre les mains d'un souverain quelconque. Oseriez-vous affirmer qu'il en est ainsi? Mais si, au contraire (et pour moi, entre les deux hypothèses, le choix n'est pas douteux), si adhérer à la République conservatrice n'est pour le plus grand nombre qu'une nécessité de circonstance, une manière de suivre un courant douteux sans se compromettre, d'attendre le moment de révéler sans danger ses pensées intimes et de provoquer un renversement, en un mot, un moyen commode d'adopter la République sans rompre définitivement avec la monarchie, avouez qu'ils auront beau jeu. La pratique des institutions républicaines, telle qu'il est permis de la prévoir dès à présent ; le maintien indéfini, sur les mêmes bases, de tous les corps constitués, dont l'esprit, comme celui de tout corps particulier dans un État, inclinera toujours vers la monarchie, leur rendra la tâche assez facile. De cette pseudo-République à la monarchie le passage sera si peu de chose, presque rien, le simple changement d'une étiquette. Et, pour cela, que faudra-t-il? Exploiter les mécontentements du peuple, les entretenir, les envenimer habilement ; contribuer à la stagnation des affaires par une abstention calculée, et, selon la tactique invariable des partis, rendre le gouvernement responsable des embarras qu'on aura su lui susciter ; puis, le terrain ainsi préparé, profiter de quelque circonstance favorable, par exemple une élection à la présidence ou même quelque revers ; ah! les hommes! si bien qu'un beau jour, également odieuse et aux monarchistes, dont elle contrariera les projets, et aux républicains, dont elle n'aura pas réalisé les espérances, votre République conservatrice..... Je n'en dis pas davantage, et vous savez comment se dénouent les questions politiques dans ce malheureux pays.

M. Z... Allons, on ne vous accusera pas d'être un optimiste.

M. X... Je n'ai jamais prétendu qu'installer un gouvernement nouveau fût une chose facile ; je suis persuadé, au contraire, qu'elle est très-difficile et très-dangereuse. C'est ce que devraient méditer tous ces gens, et le nombre en est grand en France, qui, pour le triste plaisir de jouer un rôle, n'hésitent pas à lancer leur pays dans les aventures.

M. Z... Puisque vous augurez si mal de la République conservatrice, estimez-vous que le radicalisme offre de meilleures chances?

M. X... Examinons. Des élections sont imminentes,.et tout porte à supposer qu'elles seront assez vivement disputées. Il peut très-bien arriver qu'une forte majorité y soit acquise à ce parti. Dans ce cas-là, qu'arrivera-t-il? — Assemblée II s'empressera de casser les décisions par lesquelles Assemblée Ire, son prédécesseur, aura tenté de se survivre à elle-même; les radicaux proclameront l'avénement de la République vraie, s'attribueront le droit de diriger la société.

M. Z... Cela ne serait, après tout, que la conséquence naturelle de ces élections.

M. X... En apparence, oui ; et pourtant, je crois qu'il y aurait encore là-dessous quelque méprise.

M. Z... Comment l'entendez-vous?

M. X... Je m'explique. On convient généralement, et les républicains les plus avancés tout
aussi bien que les autres, que les masses sont
encore fort peu éclairées et fort peu en état
d'exercer les droits politiques avec intelligence :
Cela, déjà, est fort regrettable. Ont-ils, du
moins, essayé de remédier à cet inconvénient en
formulant d'avance un programme net et complet de leurs doctrines et des réformes qu'ils
projettent, en le soumettant d'avance aux discussions, en cherchant tous les moyens de vul-
gariser leurs idées? Jusqu'à ce jour, ils se sont
bornés à des généralités, à de pompeuses promesses; et certainement les masses ignorent
complétement où ils veulent les conduire. Le
savent-ils bien eux-mêmes? En conséquence de
cette ignorance des masses, ne serait-on pas
fondé à croire que les votes favorables auront
été donnés, les uns en vue d'espérances chimé-
riques, irréalisables, le plus grand nombre par
indécision et parce que, la question étant posée
d'une certaine façon, le peuple souverain n'aura
pas eu l'occasion de manifester ses véritables
sympathies en votant sur un nom. Cela est si
vrai que, en ce moment même, les radicaux ne
voudraient à aucun prix voir poser nettement la
question : République ou monarchie avec tel ou
tel souverain. Certes, il peut être fort beau en

théorie de donner comme fondement à la politique la volonté souveraine de la nation s'incarnant dans une Assemblée issue de l'élection; mais si cette nation livrée à des instincts variables est incapable d'avoir une volonté, si sa seule propension marquée est précisément celle qu'on veut lui interdire, où est la sincérité du vote, où est la garantie de la stabilité? Et ils ne tarderont pas à s'apercevoir de leur erreur : si, par exemple, une fois au pouvoir, ils veulent appliquer leurs doctrines sur un point qui paraît leur tenir fort à cœur, je veux dire la séparation de l'Eglise et de l'Etat, séparation accomplie brusquement, violemment, avant d'être devenue une conséquence du travail de l'opinion; séparation non pas au nom de l'idée religieuse plus largement comprise, mais au nom du dédain de cette idée, je leur garantis qu'ils auront dès ce moment contre eux l'immense majorité de ceux qui les auront d'abord acclamés. Voilà comment je comprends la méprise. Cela est grave, car vous n'ignorez pas qu'en politique les méprises se paient souvent par des flots de sang.

Quoi qu'il en soit, nous les supposons au pouvoir, comment vont-ils procéder? Il est probable qu'ils commenceront d'abord par une vaste immolation de fonctionnaires, au nom de ce principe lumineux que la République doit être gouvernée exclusivement par des républicains.

M. Z... Il faut avouer que ce principe ne manque pas d'une certaine apparence de justesse.

M. X... Oui, mais il n'en a peut-être que l'apparence, car il revient à ceci : « Le pays est incontestablement, irrévocablement républicain ; et c'est pour cela que nous sommes au pouvoir : néanmoins, comme il se pourrait faire qu'il se décidât à changer d'avis sur les mauvais conseils de quelques agents subalternes mal intentionnés, il est nécessaire que nous envoyions partout des propagandistes énergiques, au risque d'avoir parmi eux bon nombre d'énergumènes qui nous compromettront. » Et ils justifieront ainsi l'accusation de n'être qu'un parti qui s'impose, le produit d'une surprise de l'opinion, de donner le spectacle de la curée des emplois. Bonnes gens qui ne veulent pas voir qu'il doit suffire que l'impulsion partie d'en haut soit obéie ; que cette obéissance est suffisamment garantie par la versatilité générale et l'attachement aux intérêts ; que les meilleurs subalternes seront toujours ceux qu'on aura déterminés à changer de drapeau, pour peu qu'ils trouvent dans ce changement des chances de stabilité.

Donc épuration sur une grande échelle ; depuis le chef du gouvernement, qui se sera empressé de donner sa démission, jusqu'au modeste sous-préfet, renouvellement à peu près complet du personnel gouvernemental. Que d'ennemis dès l'abord! Puis, après l'élection d'un président nouveau (saura-t-on choisir un homme sage?), on abordera le chapitre des institutions.

Ici deux écueils contre lesquels il sera difficile de ne pas se briser : car, de deux choses l'une ; ou bien, ce qui est peu probable, on essaiera de ménager la transition, et, tout en proclamant la nécessité de réformes profondes, on voudra les ajourner et l'on se contentera de réformes anodines. Dans ce cas, bruyantes réclamations de toutes les espérances déçues; l'inutilité du changement devenue le thème favori de la polémique; les amis de la veille transformés en ennemis du lendemain; impopularité et, finalement, une seconde édition de l'avortement de 1848, retour à la monarchie après de douloureuses oscillations. Ou bien on tiendra à justifier toutes les promesses d'un titre accepté ou plutôt revendiqué témérairement; dans ce cas, rupture complète avec le passé; reconstitution de la société sur de nouvelles bases, — lesquelles? — avec des éléments nouveaux — lesquels encore? — Probablement une très-large part faite à l'élection au profit de gens qui se soucieront peu de ces droits imprévus et ne les exerceront pas ou les exerceront mal : éclosion par milliers d'ambition nouvelles, de vanités loquaces et prétentieuses : haine profonde des corps consacrés par de longues traditions, et qui se verront brusquement atteints ou menacés dans leur existence ; tous ceux qui vivent des fonctions salariées par l'Etat, et le nombre en est grand, antipathiques à l'instabilité attachée jusqu'à ce jour, en France, aux institutions républicaines ; l'armée hostile par instinct au nouvel ordre de choses ; les tentatives pour la démocratiser se traduisant par l'indiscipline ; comme unique point d'appui les sympathies des masses, dont il faudra réchauffer le zèle et provoquer les manifestations ; le trouble au Forum ; la division, la défiance dans tous les rangs de la société ; existence fiévreuse ; au bout de quelque temps refuge cherché dans une dictature révolutionnaire, combattue bientôt par la terrible conspiration du mauvais vouloir : en un mot, 93, moins les atrocités à l'intérieur, je veux bien l'espérer ; moins aussi, je le crains, l'héroïsme à la frontière. Conclusion : quelque conspiration militaire ou quelque cataclysme, qui achèvera d'enlever à ce pauvre peuple les chances qu'il pouvait avoir conservées de reconstituer sa grandeur.

M. Z... Vous êtes désespérant.

M. X... Je ne vous donne tout cela que comme des conjectures ; conjectures toutefois qui reposent sur une connaissance assez sérieuse de ce peuple et des partis qui le divisent.

M. Z... Alors puisque, selon vous, ni la République ni la monarchie ne peuvent s'acclimater en France, nous voilà réduits à chercher pour ce peuple intraitable quelque forme de gouvernement qui aura échappé jusqu'à ce jour à la sagacité des théoriciens.

M. X... Et pourtant, n'est-il pas vrai, cher comte, ils ont été assez nombreux dans la vie de l'humanité, depuis Aristote jusqu'à la commission des Trente. A votre observation quelque peu ironique, convenez-en, je réponds en vous répétant que je ne me suis nullement chargé de trouver un moyen de fixer l'inconstance des Français.

M. Z... Encore faudrait-il que vos critiques ne fussent pas empreintes d'une manifeste exagération : car enfin, si j'ai bien compris, voici vos conclusions : Ils ne sont capables de supporter un despotisme militaire qu'à une condition de réalisation impossible, celle d'un succès perpétuel ; la royauté de droit divin s'appuie sur des idées dont l'application est démodée ; la monarchie constitutionnelle, ils ne savent pas la pratiquer ; les diverses formes de République ne peuvent les conduire qu'à des cataclysmes...

M. X... Tout cela, dans ma pensée, est parfaitement vrai et je n'ai jamais voulu dire autre chose. Oui, je persiste à soutenir que, tant qu'ils seront sans convictions sincères et n'auront d'autres mobiles que la vanité ou l'intérêt ; tant qu'ils seront sans respect durable soit pour les individus, soit pour les principes ; tant qu'ils feront pivoter la politique intérieure sur des sous-intendus ou des malentendus ; tant qu'ils voudront faire de la monarchie sans dévouement, de la République sans abnégation ; tant que ces deux drapeaux abriteront, l'un des égoïsmes et de lâches terreurs, l'autre des convoitises insensées ; tant qu'il ne se sera pas formé un esprit public et qu'on se bornera à chercher les solutions dans des modications de pure forme : enfin tant qu'ils se montreront également incapables et de mettre leurs aptitudes à la hauteur de leurs instincts, et de sacrifier leurs instincts à l'insuffisance de leurs aptitudes, toute intronisation politique, quel qu'en soit le nom, ne sera jamais qu'une halte plus ou moins longue entre deux insurrections.

La voilà, cette nation privilégiée sur laquelle reposaient et reposent peut-être encore tant d'espérances. Ne trouvez-vous pas que l'examen de sa situation intérieure offre des raisons assez sérieuses de ne pas trop redouter la vengeance dont elle nous menace ?

M. Z... J'hésite à vous répondre ; car chacune

de mes paroles devient pour vous l'occasion d'affirmations plus désolantes.

M. X... C'est qu'en effet ce n'est pas tout que cette perspective de luttes civiles dont il est impossible de prévoir le terme. Si l'on considère que les causes qui, à certaines époques, ont pu faire sa grandeur ont complétement disparu sans que rien autorise à supposer qu'elles puissent jamais se reproduire ; si l'on considère que sa force d'expansion est nulle, cette force qui pourrait être un utile dérivatif à l'effervescence des luttes civiles ; si l'on considère que depuis longtemps elle n'a pas su ennoblir son existence en donnant à son activité quelque grand et noble but, que, repliée sur elle-même, elle est entrée sous le rapport de la population dans la période de décroissance ; si, d'autre part, on considère la remarquable expansion de la race germanique et la direction générale du courant des populations, telle qu'elle est révélée par l'histoire des siècles, on aboutit forcément à cette conclusion, c'est que la France est une nation dont les jours sont comptés.

M. Z... Que dites-vous? la France disparaître ! ah ! c'est impossible.

M. X... Oui, oui ! J'entends : l'équilibre européen rompu ; la terre s'entrouvant pour engloutir l'envahisseur ; les protestations éternelles, les révoltes sans fin : voilà les rêves de l'imagination. En réalité, le moment venu, il se trouvera encore des gens qui diront : « Laissons la charge de risquer leur vie à ceux qui n'ont rien à perdre ; » d'autres qui diront de leur côté : « Nous serions bien sots de nous exposer, nous qui n'avons rien à défendre ; » quelques-uns iront à l'étranger oublier une patrie qu'ils déclareront devenue indigne d'eux ; un petit nombre seulement affronteront bravement, noblement la mort, non sans se demander avec inquiétude s'ils ne jouent pas le rôle de véritables dupes. Puis, une fois le résultat accompli, les monarchistes en rejetteront la responsabilité sur les républicains, les républicains sur les monarchistes ; et tous, la conscience allégée par ces récriminations mutuelles, remarqueront que la vie peut avoir encore des douceurs et ne manqueront pas de découvrir des axiômes de philosophie pratique qui les autoriseront pleinement à chasser des souvenirs importuns.

Mais, rassurez-vous ; dans les évaluations de cette nature les jours sont des années ; et quelle que soit l'époque à laquelle doit avoir lieu cette expropriation de la France pour cause de tranquillité européenne, il est très-probable que ce n'est pas à nous, mais à nos fils que la charge en incombera.

(Ici la conversation est restée interrompue pendant quelques instants :) M. X... tisonnait avec placité ; M. Z... s'était levé et se promenait dans la chambre d'un air pensif ; enfin il s'arrête, et, regardant son interlocuteur, il reprend :

M. Z... Vos conclusions sont évidemment exagérées ; elles vous sont dictées par une haine instinctive dont vous ne savez pas assez vous défendre. Néanmoins, je dois l'avouer, vos critiques me paraissent fondées sur biens des points. Après quatre-vingts ans d'agitations périodiques, voilà la France revenue à son point de départ, sans avoir retiré autre chose de tant de discussions passonnées, de tant d'applications diverses, que le relâchement de tous les liens sociaux, cause première de tous ses malheurs. Et à la voir chercher à ces malheurs des explications qui ne peuvent tromper qu'elle ; à la voir en attendre le remède immédiat d'une imitation empressée, et quelque peu ridicule, de son vainqueur, ses meilleurs amis se prennent à douter qu'elle soit jamais capable d'en prévenir le retour. En ce moment même, persuadée qu'elle a été héroïque, elle écoute avec ravissement des voix complaisantes qui étalent sous ses yeux le tableau décevant d'une prospérité matérielle qui survit à tous les revers, et paraît convaincue qu'elle n'a qu'à reconstituer sa richesse pour redevenir puissante, qu'elle n'a qu'à aligner de nombreux soldats pour devenir invincible. Du reste, les discussions théoriques fleurissent de plus belle ; les partis sont toujours tout aussi peu disposés à se fondre en un seul au nom des intérêts sacrés de la patrie, et tout annonce qu'on va reprendre la marche politique sur les anciens errements : l'abîme est ouvert, nul ne paraît s'en apercevoir. Je vous accorde tout cela et pourtant je n'hésite pas à vous dire : gardez-vous de prononcer trop tôt son oraison funèbre : vous pourriez vous préparer des mécomptes.

Certes la situation est critique ; mais elle est loin d'être désespérée ; et je suis persuadé que, en ce moment encore, il y a remède à tout, même à ce terrible envahissement de la race germanique, que vous nous présentez comme un arrêt de la stabilité.

La meilleure raison que je puisse vous en donner, c'est que cette nation est la France.

Ce nom peut rappeler de grandes fautes et de grands revers, mais aussi il rappelle tant d'héroïsme et tant de gloire ! Une nation qui a toujours sympathisé à tout ce qui est grand et noble, ne doit pas disparaître : une nation qui a su dépenser en tant de circonstances le plus brillant courage ne peut pas périr. Il me paraît

www.ingramcontent.com/pod-product-compliance
Lightning Source LLC
Chambersburg PA
CBHW071401030726
47594CB00002B/799